CHAMBRE DE COMMERCE DE CLERMONT-FERRAND

PROJET DE LOI

SUR LES

SOCIÉTÉS PAR ACTIONS

RAPPORT

PRÉSENTÉ PAR M. MAURICE CHALUS

Dans la Séance du 26 Décembre 1885

CLERMONT-FERRAND

TYPOGRAPHIE ET LITHOGRAPHIE G. MONT-LOUIS

Rue Barbançon, 2

1886

CHAMBRE DE COMMERCE DE CLERMONT-FERRAND

PROJET DE LOI

SUR LES

SOCIÉTÉS PAR ACTIONS

RAPPORT

PRÉSENTÉ PAR M. MAURICE CHALUS

Dans la Séance du 26 Décembre 1885

CLERMONT-FERRAND

TYPOGRAPHIE ET LITHOGRAPHIE G. MONT-LOUIS

Rue Barbançon, 2

1886

CHAMBRE DE COMMERCE DE CLERMONT-FERRAND

~~~~~~~

Séance du 26 Décembre 1885

~~~~~~~

PROJET DE LOI SUR LES SOCIÉTÉS PAR ACTIONS

————————>·ı·<————————

Au nom de la Commission composée de
MM. Chalus, Dionis et Viallefond, M. Maurice
Chalus donne lecture du rapport suivant :

Messieurs,

Le trente et un août mil huit cent quatre-vingt-deux,
M. le Ministre du Commerce nous consultait sur les modifications à apporter à la loi sur les marchés à terme.

Nous indiquions que les événements financiers de mil
huit cent quatre-vingt-deux continuaient d'exercer sur la
marche générale des affaires une influence qui avait légitimement éveillé l'attention du monde du commerce et
sollicité l'intervention de ses défenseurs naturels.

Parmi les défectuosités ou les lacunes susceptibles d'être relevées dans notre législation, nous avions à constater, eñ première ligne, que l'article 1er de la loi du vingt-quatre juillet mil huit cent soixante-sept et les articles 1965 et suivants du Code civil contenaient, au point de vue du danger toujours possible de ces désastres, de graves inconvénients.

Jetant un rapide regard sur le côté historique du projet de loi, nous rappelions que dès le vingt-cinq novembre mil huit cent soixante-dix-huit, la Chambre de commerce de Paris, imbue de ces principes, adressait, à la suite d'une pétition couverte de signatures, une lettre à M. le Ministre du Commerce, dans laquelle, après avoir examiné la jurisprudence en ces matières, tant en France qu'à l'étranger, elle concluait, non pas à l'application de l'article 1965 du Code civil qui vise le jeu proprement dit, mais à l'adoption d'un nouvel article qui déclare que l'article 1965 ne saurait atteindre les marchés à terme ni être invoqué contre eux.

Nous faisions repasser sous vos yeux l'exposé des motifs présenté au Conseil d'État par Portalis, le cinq mars mil huit cent quatre, le rapport de Siméon devant le Tribunat, le huit mars suivant, le discours de M. Duveyrier au Corps législatif, le premier mars de la même année. Il résultait de tous ces documents législatifs, restés célèbres, que le législateur, en édictant cet acticle, ne visait ni la spéculation sur les valeurs publiques ou sur les marchandises, ni les livraisons résultant de marchés à terme, mais uniquement le jeu proprement dit, c'est-à-dire, les exercices récréatifs auxquels on joue de l'argent; c'était donc uniquement au joueur heureux réclamant son bénéfice qu'il refusait toute garantie.

Nous examinions également la jurisprudence, et nous démontrions combien il importait d'en fixer définitivement les tendances qui s'étaient plusieurs fois manifestées par des décisions absolument contraires.

Nos conclusions tendaient à ce qu'il ne fût fait aucune assimilation entre les opérations de jeu et celles traitant de valeurs publiques ou de marchandises. Le marché à terme ayant pour le commerce son rôle et sa raison d'être, constitue, même à lui seul, un élément précieux et indispensable de ce mouvement continu de l'échange sur lequel reposent au premier chef la richesse et la prospérité nationales.

A l'appui de notre opinion, nous rencontrions le mémorable discours prononcé par M. de Villèle à la Chambre des pairs, le trente avril mil huit cent vingt-quatre ; l'une des plus belles harangues dues à l'illustre Berryer ; le rapport de Casimir Périer, dans la séance du vingt-six février mil huit cent vingt-six au Corps législatif, et, enfin, l'un des principaux arguments invoqués par M. Thiers, lorsqu'en mil huit cent soixante et onze il demandait au Crédit public de l'aider à payer la rançon de la France.

L'unanimité de ces documents vous amenait à conclure, comme l'avait fait avant vous M. Andrieux, rapporteur de la septième Commission d'initiative parlementaire en mil huit cent soixante-dix-sept, et vous émettiez le vœu que, dans le plus bref délai possible, l'article 1965 du Code civil fût déclaré non opposable aux obligations résultant des marchés à terme.

Le Parlement, Messieurs, a suivi notre opinion ; une loi récente nous a donné gain de cause, et si nous vous avons imposé, trop longtemps peut-être, le rappel de votre délibération du trente août mil huit cent quatre-vingt-deux, c'est que précisément nous avons la satisfaction de vous entretenir aujourd'hui du deuxième point visé par vous et des modifications déjà signalées depuis trois ans, comme s'imposant d'urgence à l'examen du législateur.

Dans deux lettres successives, M. le Ministre du Commerce a soumis à votre attention le projet de loi sur la réforme des Sociétés adopté par le Sénat le vingt-neuf novembre mil huit cent quatre-vingt-quatre et déposé depuis le deux février dernier sur le bureau de la Chambre des députés.

. La loi du vingt-quatre juillet mil huit cent soixante-sept a été l'objet de remaniements considérables sur lesquels la Chambre des députés n'a pas encore été appelée à délibérer. Ces modifications, contenues dans le projet du Gouvernement, ont fait l'objet devant le Sénat d'une discussion approfondie dont le rapporteur, l'honorable M. Bozérian, a supporté presque tout le poids. C'est ce remarquable travail que nous venons aujourd'hui examiner devant vous.

La Société, Messieurs, est un contrat synallagmatique par lequel deux ou plusieurs personnes s'unissent dans le but d'opérations déterminées, pour en partager les bénéfices ou en supporter les pertes.

L'article 18 du Code de commerce indique que le contrat de Société se règle par le droit civil, par les lois particulières au commerce et par les conventions des parties. L'article 19 reconnaît trois sortes de Sociétés :

1° La Société en nom collectif, contractée entre deux ou plusieurs personnes, et qui a pour objet l'exploitation d'un commerce sous une raison sociale qui ne peut contenir d'autres noms que ceux des associés, ainsi qu'il est déterminé par les articles 20, 21, 22 du Code de commerce ;

2° La Société en commandite, définie par les articles 23, 24, 25, 26, 27 et 28 du Code de commerce, qui se contracte entre un ou plusieurs associés responsables et solidaires, et un ou plusieurs associés, simples bailleurs de fonds, que l'on nomme commanditaires ou associés en commandite ; elle est régie sous un nom social qui doit être celui d'un ou de plusieurs des associés solidaires ;

3° La Société anonyme, qui fait l'objet des articles 29 à 46 du Code de commerce n'existe point sous un nom social, n'est désignée par celui d'aucun des associés, et n'est qualifiée que par la désignation de l'objet de son entreprise.

Enfin, les Sociétés tontiniéres ou en participation, les Sociétés d'assurances qui sont reconnues par la loi sous dés conditions spéciales, et dont nous n'aurons à nous occuper que pour mémoire.

Nous ne suivrons pas l'honorable rapporteur dans le savant exposé fait par lui à la tribune du Sénat au sujet du titre de la loi; nous nous contenterons de dire avec lui que le projet du Gouvernement ne vise et ne peut viser que les Sociétés par actions, les seules que nous ayons à reconnaître comme objet actuel de la mission que vous nous avez confiée.

Dès mil huit cent sept, à l'époque de la rédaction du Code de commerce, le législateur avait édicté certaines dispositions très-succinctes d'ailleurs, car il n'y avait dans ce Code que cinq articles qui s'occupassent des Sociétés par actions :

L'article 34, lequel porte que le capital de la Société anonyme se divise en actions et même en coupons d'actions d'une égale valeur; l'article 35, au terme duquel l'action peut être établie sous la forme de titre au porteur; l'article 36, qui détermine le mode de cession; l'article 37, qui dit que la Société ne peut être établie qu'avec l'autorisation du Gouvernement; enfin, l'article 38, lequel porte que le capital des Sociétés en commandite pourra être aussi divisé en actions.

Comme vous le voyez, ces dispositions contiennent un point contradictoire.

A cette époque, et pendant longtemps, les Sociétés anonymes n'ont existé qu'en vertu d'une autorisation du Gouvernement; on craignait l'abus de l'action, et, ce qui est étrange, à côté de la Société anonyme, il y avait aussi une autre Société qui pouvait se constituer en actions, c'était la Société en commandite, d'où il résulte cette anomalie que pendant que l'une n'était pas libre, l'autre jouissait d'une entière indépendance.

Quelque brèves que fussent ces prescriptions, elles pouvaient être suffisantes au moment de la promulgation du Code de commerce en mil huit cent sept. A cette époque, nous étions loin du développement inouï de la fortune mobilière que nous avons vue s'accroître si prodigieusement pendant la seconde moitié de ce siècle; les Sociétés par actions étaient alors peu usitées, mais avec l'élan des affaires, avec la création des grandes entreprises industrielles, financières ou de travaux publics, on comprit bientôt qu'il fallait inventer de nouveaux instruments et de nouveaux moyens de crédit.

Pendant la Restauration et dans les premières années du gouvernement de Juillet, une véritable révolution économique se produisit. L'action lui servit d'instrument. Cela fut un bien, mais aussi, comme toujours, l'exagération se révéla dans ses fatales conséquences et l'on assista aux désastres analogues à ceux dont l'année mil huit cent quatre-vingt-deux nous a fourni tant d'exemples et sur lesquels vous avez motivé votre délibération mentionnée au début de ce travail. Le législateur comprit que son devoir lui commandait d'intervenir et de chercher un remède à la situation.

En mil huit cent trente-huit, première tentative de réforme. Au début, ainsi que nous le disions plus haut, on avait exalté l'action et ses avantages; plus tard, en présence de désastres accumulés, on l'avait incriminée sans mesure. Le remède proposé par le législateur fut, suivant l'expression de M. Bozérian, héroïque, et un projet de loi fut déposé demandant purement et simplement la suppression des Sociétés par actions. La Commission de la Chambre des députés estima cependant que le remède était un peu violent et elle se borna à décider la suppression de l'action au porteur; la Chambre trouva que c'était encore excessif, repoussa le projet de loi et le *statu quo*, que l'on avait attaqué avec tant de fureur, fut respecté.

De mil huit cent trente-huit nous passons en mil huit cent cinquante-six. Deuxième tentative de réforme. C'est à cette époque que fut promulguée une loi sur les Sociétés en commandite par actions, et on se demande, avec raison, pourquoi elle ne fut pas accompagnée d'une loi sur les Sociétés anonymes.

On en trouve le motif dans ce fait déjà cité, c'est parce qu'à cette époque les Sociétés anonymes continuèrent à être soumises à l'autorisation gouvernementale.

La loi de mil huit cent cinquante-six, Messieurs, ne fut pas heureuse dans ses résultats, ce fut une loi de réaction exagérée, les difficultés et les entraves qu'elle apportait à la formation des Sociétés, l'extension de ces rigueurs paralysèrent le mouvement que l'on avait voulu favoriser, une nouvelle tentative de réforme fut jugée nécessaire.

Ici nous arrivons à l'année mil huit cent soixante-trois et nous approchons de l'anonymat devenu libre. Ainsi que nous l'avons indiqué, le législateur de mil huit cent sept avait pensé qu'en soumettant les Sociétés anonymes à l'autorisation gouvernementale on pourrait en laissant passer le bien opposer au mal un frein tout puissant. Ce fut une complète illusion. L'application de ce système idéalisé comme un rêve n'obtint pas d'autre résultat que d'engager la responsabilité du Gouvernement qui, ayant la faculté d'accorder ou de refuser l'autorisation, pouvait toujours être ainsi accusé d'un excès de rigueur ou d'un abus de favoritisme. En mil huit cent soixante-trois, nous voyons apparaître cette troisième réforme de l'anonymat, revêtant presque tout le caractère de la *Society limited*, emprunté à nos voisins d'Angleterre.

Cette loi, Messieurs, si l'on s'en réfère aux tableaux du commerce de cette heureuse époque, produisit un grand bien, mais enfin il fallait franchir le pas décisif, arriver à l'anonymat libre. Ce pas fut franchi par la promulgation de la loi du vingt-quatre juillet mil huit cent soixante-sept, cette loi que critiquait votre délibération du trente-un août mil huit cent quatre-vingt-deux et qu'il s'agit de modifier aujourd'hui.

Le rapporteur de la loi de mil huit cent soixante-sept, l'honorable M. Mathieu, était un homme éminent, l'une des lumières des Commissions de la Chambre des députés, et l'une des gloires les plus hautes du barreau de Paris. Il exposa dans un remarquable rapport le but de cette loi qui est également celui invoqué par le rapporteur de la loi nouvelle. A l'exemple de M. Bozérian à la tribune du Sénat, votre rapporteur demande à la Chambre de lui citer, au moins dans son début, l'exposé des motifs présenté par M. Mathieu au Corps législatif :

« Messieurs, le projet de loi a voulu faciliter le développement du principe de l'association, le mettre à la portée des humbles aussi bien que des puissants de ce monde. Pour cela il a voulu le dégager d'entraves inutiles, en accordant à la liberté des conventions tout ce que n'exigeraient pas le respect de la morale, l'intérêt des tiers, celui des associés, c'est-à-dire l'intérêt même du commerce et de l'industrie pour lesquels l'association ne serait qu'un leurre, si elle n'était pas entourée de sérieuses garanties. »

C'est sous l'empire de ces idées libérales si magnifiquement exprimées que fut votée et promulguée la loi de mil huit cent soixante-sept. L'expérience cependant ne tarda pas à démontrer que ses résultats ne devaient pas répondre à la pensée de ses auteurs et à la droiture de leurs intentions.

La loi fut en effet respectée pendant quelque temps, produisit des résultats qui rapportèrent au trésor public bien des millions, au commerce français de considérables fortunes. Mais en même temps que le législateur, et même plus vite que le législateur marchaient l'agiotage et la spéculation, à tel point qu'en mil huit cent soixante-quinze, huit ans après, sur lesquelles deux années au moins avaient été perdues pour le commerce, grâce aux désastres inouïs qui s'étaient abattus sur la France, le Gouvernement devait se préoccuper encore de la législation sur les Sociétés. Une première Commission extra-parlementaire avait été organisée par M. Dufaure, garde des sceaux, et notre honorable compatriote, M. Bardoux, alors sous-secrétaire d'Etat au ministère de la Justice, prit une part active aux travaux de cette Commission que les événements politiques empêchèrent de terminer son œuvre.

Enfin en mil huit cent quatre-vingt-deux, un nouveau garde des sceaux dont le nom restera rivé aux événements de cette époque estima qu'il y avait lieu de reprendre l'œuvre commencée en mil huit cent soixante-quinze, il réunit une nouvelle Commission extra-parlementaire dont l'œuvre a amené le projet du Gouvernement que M. Bozérian a rapporté devant le Sénat, qui est pendant encore devant la Chambre des Députés, et dont, pour obéir aux instructions de M. le Ministre du Commerce, vous allez avoir à examiner les articles.

Nous avons déjà apprécié devant vous, il y a plus de trois ans, la loi du vingt-quatre juillet mil huit cent soixante-sept.

Nous avons critiqué son article premier qui édicte entre autres dispositions la reconnaissance de la constitution de toute Société anonyme ou en commandite par actions pourvu que ses fondateurs justifient que toutes ses actions sont souscrites et que le quart du capital est intégralement versée.

D'où il résulte qu'une Société constituée au capital de vingt millions par exemple est reconnue valable, pourvu que son ou ses fondateurs justifient qu'ils ont en caisse les bulletins de souscription de tous les titres à émettre, plus une somme de cinq millions représentant le total des versements exigés.

Vous avez déclaré nettement, Messieurs, et avec grande raison, que c'était là pour le crédit public et pour la moralité commerciale un grave danger. En effet, des exemples multiples démontrent chaque jour que les sous-cripteurs de ces titres n'ont rien de plus pressé que de les transmettre à d'autres avec une plus-value le plus souvent organisée d'avance et qu'une fois ce bénéfice réalisé, c'est aux acheteurs successifs qu'incombe seule la perte causée par la dépréciation du titre ou la ruine complète en cas toujours possible de catastrophe.

De plus il ne faut pas perdre de vue que la cote à la bourse de commerce ou des fonds publics ne pouvant mentionner que le chiffre du capital versé et celui de la majoration atteinte par l'œuvre combinée de la spécula-tion, la négociation de la valeur peut à l'aide d'un capital restreint porter cependant sur un très-grand nombre de titres, d'où il résulte que les risques encourus s'élèvent dans la même proportion pour le spéculateur qui n'est jamais intéressant et pour l'acheteur ferme qu'il s'agit surtout de protéger, puisqu'il n'a commis ni folie, ni faute, qu'il a payé à deniers comptants le titre dont il s'est rendu acquéreur et qu'il ne peut rien à lui tout seul contre le danger que lui font courir les manœuvres des joueurs.

Nous allons voir si le législateur de mil huit cent qua-tre-vingt-quatre a réussi à trouver un remède contre tous les maux que nous venons de signaler et qui sont nés de l'œuvre même de son prédécesseur de mil huit cent soixante-sept, qui précisément s'était appliqué, si nous en prenons à témoin les paroles de l'honorable M. Mathieu, à les prévoir et à les combattre à l'avance. Ce qu'il a fait, nous l'avons démontré, avec plus de bon vouloir que de succès.

La loi de mil huit cent soixante-sept comprenait seule-ment 67 articles, la loi nouvelle en compte 101. M. Bozé-rian excuse cette progression dans les longueurs de la loi, en disant que l'imagination des faiseurs d'affaires est arrivée à trouver de nouvelles combinaisons, de nouveaux moyens d'action, et qu'en présence de ces moyens et de ces combinaisons il a fallu pourvoir à de nouvelles nécessités.

La loi de mil huit cent soixante-sept se composait de cinq titres :

1° Des Sociétés en commandite par actions;

2° Sociétés anonymes;

3° Dispositions spéciales aux Sociétés à capital variable;

4° Dispositions spéciales relatives à la publication des actes de Société ;

5° Tontines et Sociétés d'assurances.

Ces cinq titres sont conservés dans le projet de loi actuel, on y a ajouté les quatre titres relatifs aux dispositions absolument nouvelles.

Ce sont les dispositions de la plus haute importance relatives aux obligations, aux Sociétés étrangères et aux pénalités.

Nous allons examiner rapidement chacune des parties du rapport qui nous ont paru mériter votre attention.

Et pour la plus facile intelligence de notre travail, nous adoptons la division suivante :

1° Des Sociétés anonymes ;

2° Des Sociétés en commandite par actions;

3° Des Sociétés à capital variable;

4° Dispositions relatives à la publicité;

5° Des obligations;

6° Des tontines et Compagnies d'assurances;

7° Des Sociétés étrangères ;

8° Conclusions.

TITRE Ier

Des Sociétés anonymes.

La loi s'occupe d'abord de la constitution des Sociétés anonymes, elle reproduit les dispositions de la loi de mil huit cent soixante-sept. Toutefois, l'article 111 impose aux fondateurs une condition nouvelle contenue dans les paragraphes 2 et 3 et qui est ainsi conçue :

Art. 3, §§ 2 et 3.

Elles ne peuvent être définitivement constituées qu'après la souscription de totalité du capital et le versement en espèces par chaque actionnaire du quart au moins du montant des actions souscrites.

Les souscriptions et les versements sont constatés par une déclaration des fondateurs dans un acte notarié, la déclaration indique le lieu où les versements ont été déposés.

La loi de mil huit cent soixante-sept exigeait déjà que tout le capital fût souscrit et que les actions fussent libérées d'un quart, mais elle ne spécifiait pas comment on devait faire ce premier versement ni comment on devait en justifier.

Le législateur de cette époque avait certainement en vue un paiement intégralement composé d'espèces sonnantes, mais il ne l'avait pas dit.

La jurisprudence allait encore plus loin, et inconsidérément suivant nous.

Elle admettait une libération par remise de valeurs, un paiement par compensation, une simple passation d'écriture au moyen de laquelle le banquier de la Société crédi-

tait le compte de celle-ci par le débit du compte du souscripteur. C'était de la part des tribunaux une véritable
hérésie consacrée, indépendamment de l'exercice d'un
droit d'appréciation dépassant suivant nous leur pouvoir.

Ces opérations souvent fictives permettaient à quelques
lanceurs d'affaires de souscrire par eux-mêmes ou par
leurs fidéi-commissaires un nombre considérable d'actions
sans que le but visé par le législateur fût atteint, sans que
la Société eût à sa disposition, dès le début, les sommes
nécessaires pour assurer son fonctionnement régulier.

Pour remédier à cet abus, l'article 3 impose deux conditions nouvelles, il précise le versement en espèces et
exige l'indication du lieu où les versements composant le
capital ont été déposés :

Nous nous permettons de penser que ces précautions ne
sont pas suffisantes et qu'elles laissent subsister un grave
danger. La jurisprudence en fournit des preuves palpables.
M. Bozérian a cité l'exemple d'une Société annulée parce
que le capital versé était représenté par deux récépissés
de deux maisons de banque. Le tribunal de commerce
d'une des principales villes de France avait estimé que le
premier récépissé portait une signature sociale assez solide
pour n'éveiller aucun doute, mais que le second n'ayant
aucune de ces qualités, il n'y avait pas lieu de l'admettre
comme équivalent d'un capital versé. On voit donc où l'on
peut en arriver avec des appréciations d'une semblable
élasticité, le versement en espèces et le dépôt indiqué
effectués, on aura le droit de se demander si le dépositaire
sera en mesure de restituer, ou s'il n'aura pas quelque
compensation à imposer aux fondateurs.

La pensée du législateur est évidemment d'assurer
d'une manière indubitable le versement en espèces et sa
mise à la disposition de la Société. Ce double but ne peut
être atteint sûrement que par le dépôt des espèces dans
une caisse publique officielle, quitte à en être retiré aussi-
tôt après la constitution définitive de la Société. Nous ne

voyons, pour répondre complètement à la pensée du législateur, que la Banque de France ou la Caisse des Dépôts et Consignations.

Cette mesure avait, du reste, été réclamée par plusieurs membres de la Commission, et M. Bozérian a reconnu à la tribune que les auteurs de ces réclamations avaient succombé devant les refus des représentants accrédités des deux établissements précités.

Nous n'éprouvons aucun embarras à blâmer sur ce point la condescendance de la Commission. Au représentant de la Caisse des Dépôts et Consignations nous aurions répondu nettement que, fonctionnaire, il n'avait pas à discuter les ordres du Ministre représentant la loi, mais à justifier de leur ponctuelle exécution.

Au représentant de la Banque de France, pour le cas où cet établissement eût fixé les préférences de la Commission, nous aurions simplement fait observer que l'on ne discute pas avec le service public lorsqu'il vous rapporte, avec le compte-courant du Trésor, le monopole de s'enrichir en imposant la monnaie créée par soi-même ; mais nous n'aurions à aucun prix admis ces résistances, dont le but unique était de repousser un embarras éventuel comme un motif suffisant de rejeter une mesure de la plus haute importance, et nous maintenons dans les conclusions qui vont suivre — la Banque de France ou la Caisse des Dépôts et Consignations — comme devant prêter asile obligatoire aux versements nécessaires à la constitution des Sociétés. Il n'est pas permis, devant la multiplicité des succursales de la Banque, de ses bureaux auxiliaires et de ses villes rattachées, du nombre des perceptions, recettes particulières, générales, etc., toutes correspondantes de la Caisse des Dépôts et Consignations, et surtout en tenant compte de la facilité des transports et des communications, d'incriminer cet avis de la minorité de la Commission comme une gêne systématique de la constitution des Sociétés.

Nous avons maintenant à vous parler, Messieurs, d'un amendement à l'article qui nous occupe.

M. Tolain, sénateur, membre de la Commission dont M. Bozérian était le rapporteur, a soutenu qu'il y avait lieu d'exiger qu'aucune Société anonyme ne pût être constituée si l'intégralité de son capital n'avait pas été, non-seulement souscrit, mais entièrement versé par les souscripteurs.

La Commission a rejeté cet amendement en faisant observer qu'il eût causé aux Sociétés, envisagées en masse, un préjudice et un danger. Souvent la construction de l'usine, du chemin de fer, du canal, etc., la mise en œuvre de l'entreprise objet de la constitution de la Société, sont œuvre de longue haleine. Dans ces circonstances, l'appel de fonds est fait suivant l'avancement des travaux ; la réalisation immédiate du fonds social, au moment de la constitution, mettrait donc les Sociétés dans la nécessité, ou de servir un intérêt onéreux à un capital improductif, ou de supporter les risques de l'emploi momentané, par conséquent toujours périlleux, de ce capital.

Sans vouloir absolument blâmer le rejet explicable de l'amendement Tolain, nous ne pouvons cependant accepter le dernier motif indiqué dans ce but au sein de la Commission.

On a dit que cet amendement, s'il eût été adopté, eût écarté de chaque constitution de Société de nombreux souscripteurs qui n'ont pas toujours sans emploi le capital nécessaire à la libération intégrale de leur souscription, mais qui peuvent, sans présumer de leurs forces, prendre l'engagement de les libérer par partie à des époques déterminées.

Nous ne méconnaissons pas la force de cette objection, mais, comme la Commission du Sénat, nous pensons que c'est surtout au moment de la souscription qu'il faut enrayer la spéculation, dont nous aurons, au titre des

obligations, à examiner de plus près les écarts, et nous estimons que nulle Société ne devrait être déclarée constituée avant que, son capital étant souscrit, les souscripteurs n'eussent libéré de moitié l'intégralité de leur souscription.

Art. 4.

Par une disposition nouvelle et pour éviter les surprises et les déceptions, la loi exige que les insertions et les prospectus destinés à provoquer les souscriptions d'actions et que les bulletins de souscriptions eux-mêmes contiennent l'exposé succinct des conditions dans lesquelles la Société doit se constituer.

Ils doivent indiquer :

1° Le montant du capital ;

2° La partie du capital social représentée par des apports en nature ;

3° La partie du capital à réaliser en espèces ;

4° Les avantages particuliers réservés aux fondateurs ou à toute autre personne ;

5° La date de la publication du projet d'acte de Société au bulletin institué par la loi dans son article 63.

Art. 5.

« Les actions ne sont ni négociables ni cessibles avant la constitution définitive de la Société ; elles sont nominatives jusqu'à leur entière libération. »

Cet article contient deux innovations importantes qui ont pour but d'assurer la qualité des premiers souscripteurs et le classement des titres. Le jeu ne sera donc plus possible sur les promesses d'actions et moyens frauduleux si souvent employés pour réaliser des primes considérables sur des Sociétés futures.

Enfin les actions restant nominatives jusqu'à libération, les mutations par spéculation seront moins fréquentes et les premiers souscripteurs, qui, en cas de cession, sont, aux termes de l'article 6, libérés de toute responsabilité au bout de deux ans, seront remplacés par des cessionnaires connus, et non par des tiers-porteurs introuvables. La question si délicate des porteurs intermédiaires ne pourra donc plus se présenter.

ART. 6.

L'article 6 déclare responsables du montant de l'action le souscripteur, les cessionnaires et le titulaire actuel; ce dernier véritable débiteur indemnisera les premiers, s'ils ont préalablement à lui libéré le titre.

Tout souscripteur ou actionnaire qui a cédé ou négocié son titre cesse d'être responsable des versements non effectués deux ans après la cession ou la négociation.

Cette disposition est de toute justice; on ne pouvait laisser les premiers souscripteurs ou cessionnaires indéfiniment responsables et liés au sort d'une Société dont ils ne font plus partie, et il y avait lieu d'établir en leur faveur une légère prescription qui, d'après le projet de loi, se trouve fixée à deux ans par le législateur.

ART. 7.

Les apports en nature ne peuvent être représentés que par des actions libérées en totalité.

C'est là, Messieurs, un grave sujet sur lequel la loi de mil huit cent soixante-sept avait gardé un silence dont on a droit d'être surpris.

L'usage s'était bientôt introduit de payer les apports

en nature en actions libérées d'un quart seulement, assimilées par la suite aux actions émises, appelées, par conséquent, au remboursement en numéraire. Après bien des hésitations et des solutions contradictoires, la jurisprudence avait fini par valider cette pratique ; elle arguait du silence de la loi, et on ajoutait imprudemment, suivant nous, qu'il y avait intérêt à constituer les apporteurs débiteurs d'une grosse somme envers la Société, pour les attacher plus sûrement à sa fortune.

Cette raison n'est que spécieuse. A de très-rares exceptions près, les apporteurs en nature sont des industriels qui ont immobilisé dans leur entreprise la totalité de leur avoir, et ne font appel au capital social que pour reconstituer le fonds de roulement qui leur fait complètement défaut.

Sous l'empire de la loi de mil huit cent soixante-sept, il est donc permis de supposer qu'ils ne pouvaient conserver qu'un bien petit nombre de ces actions, puisqu'elles les exposaient à des appels de fonds toujours possibles. En leur donnant quatre fois plus d'actions qu'ils n'en auraient eu s'ils avaient dû les libérer entièrement, on augmentait donc dans une large proportion le nombre des actions non classées, vouées à la spéculation jusqu'à leur libération.

Enfin la loi décide avec sagesse que ces actions libérées, attribuées en représentation d'apports en nature, seront immobilisées pendant deux ans au siége social et ne seront négociables qu'à l'expiration de ce délai. Non-seulement nous approuvons, dans un but facile à concevoir, cette disposition équitable, mais il nous semble que ce délai ferme pourrait être prolongé ou restreint, suivant les résultats des premiers exercices sociaux, en laissant au législateur le soin d'établir cette vétille de décroissance.

Art. 8.

Outre les actions libérées pour paiement d'avances ou d'apports en nature, les fondateurs se réservent souvent une part dans les bénéfices, comme rémunération de leurs soins et de leurs démarches.

Ce droit aux bénéfices est représenté par des titres distincts appelés parts de fondateurs.

Ces titres introduits par l'usage n'avaient fait jusque-là l'objet d'aucune disposition législative.

L'article 8, en consacrant leur existence, indique l'étendue des droits qu'ils confèrent : ils peuvent être cessibles ou négociables, ils prennent part à la distribution du capital disponible en liquidation, après remboursement des actions au taux d'émission ; en cours d'exercice, ils donnent droit à une part dans les bénéfices après prélèvement de l'intérêt dû aux actions de capital.

Art. 10, 11, 12.

Ces articles sont consacrés à la vérification des apports. La loi de mil huit cent soixante-sept exigeait déjà que les apports fussent vérifiés par des commissaires choisis par les actionnaires dans leur première assemblée, et qu'il fût statué sur le rapport des commissaires par une seconde réunion d'actionnaires.

La loi nouvelle remplace cette formalité par la nomination de trois experts désignés par le président du Tribunal de commerce dans le ressort duquel se constitue la Société.

Quelque regrettables que soient les déceptions trop souvent causées par les actes de la magistrature consulaire et par son administration, votre Commission vous propose

de vous rallier à cet avis, le but de cette procédure étant
d'empêcher toute entente entre actionnaires ou groupes
d'actionnaires sur le choix des experts au moment de la
vérification.

ART. 13.

Lorsque la Société anonyme est formée entre plusieurs
apporteurs qui mettent en commun leurs capitaux, leurs
immeubles et leur industrie sans faire appel à des souscriptions par des tiers, il ne saurait être question de vérification ou d'approbation par les actionnaires, puisqu'il
n'en existe pas en dehors des fondateurs. La loi de mil
huit cent soixante-sept affranchissait ces Sociétés de toute
mesure semblable ; mais l'expérience a révélé que trop
souvent l'indivision n'était créée et les apports en commun réalisés que pour éviter la vérification prescrite par
la loi ; qu'une fois la Société constituée, les actions arri-
vaient sur le marché sans aucune garantie pour les tiers.
La loi nouvelle impose aux fondateurs de ces Sociétés les
prescriptions de l'article qui précède en ce qui concerne
la vérification des apports, et celles de l'article 7 en ce
qui touche la négociabilité des titres, deux ans seulement
après la constitution définitive de la Société.

Les Sociétés anonymes sont administrées par un ou
plusieurs mandataires à temps, salariés ou gratuits, pris
parmi les associés.

Ces mandataires peuvent choisir parmi eux un directeur, ou, si les statuts le permettent, se substituer un
directeur étranger à la Société, mais dont ils restent responsables envers elle.

Cette dernière disposition, Messieurs, a donné lieu au
Sénat à une discussion assez confuse, naturellement amenée
par la disposition que nous trouverons ultérieurement à
l'article 36, aux termes duquel les administrateurs seraient

responsables de leurs fautes. On s'est demandé s'ils seraient aussi responsables de la faute du mandataire choisi par eux en dehors de la Société, et on a fait valoir en faveur de la négative que ce serait éloigner des conseils d'administration les hommes compétents, prudents et honorables, dont le concours est si nécessaire à la prospérité des Sociétés anonymes. Pour nous, nous voulons bien reconnaître la force de cet argument; mais nous croyons, avec M. Bozérian, qu'il faut laisser à l'article 14 sa force tout entière. Trop de personnes sont déjà disposées à entrer inconsidérément dans les conseils de Sociétés à l'objet desquelles elles sont complètement étrangères; le sentiment de leur insuffisance ne réussissant pas à les en éloigner, que sera-ce si elles sont autorisées à se substituer un mandataire des fautes duquel elles ne seraient pas responsables? Il faut être logique : si l'incompétent veut les bénéfices, il doit subir les risques ou donner sa démission.

ART. 28.

Il est fait annuellement sur les bénéfices nets de la Société un prélèvement d'un vingtième au moins affecté à la formation d'un fonds de réserve. Ce prélèvement cesse d'être obligatoire lorsque le fonds de réserve a atteint le sixième du capital.

Nous n'acceptons pas ces chiffres dans les premières années, surtout si les actions ont été libérées; le fonds de réserve n'est même pas à l'état embryonnaire, puisqu'il n'existe pas; la mise à la réserve d'un vingtième n'est pas suffisante.

Il est facile de se rendre compte que lorsqu'une Société marche régulièrement et fournit une longue carrière, ses affaires se développent progressivement; souvent, grâce à l'accroissement seul des comptes créditeurs, elles prennent un essor sur lequel n'avaient jamais compté les auteurs de sa fondation ; le fonds de réserve du sixième du capital est alors absolument au-dessous de la situation. Nous sommes d'avis que le prélèvement statutaire doit être d'un sixième au moins des bénéfices, tant que le fonds de réserve n'aura pas atteint un chiffre minimum égal au quart du capital social.

Ce système de prudence consolidera le crédit des Sociétés, sans causer aucun préjudice aux actionnaires, qui retrouveront au moment de la liquidation leur part de retenues affectées à l'accroissement de la réserve.

ART. 29.

Il est de principe qu'une Société ne doit distribuer de dividende à ses actionnaires qu'autant qu'il y a des bénéfices nets constatés par un inventaire régulier et jusqu'à concurrence du montant de ces bénéfices. Cependant un certain nombre de Sociétés ont inséré dans leurs statuts une clause aux termes de laquelle un coupon d'intérêt est distribué chaque année, qu'il y ait ou non des bénéfices ; ce coupon, d'une somme fixe, représente l'intérêt du capital versé, il est distinct du dividende qui existe ou fait défaut, augmente ou diminue selon l'importance des bénéfices réalisés.

Cette clause, que nous allons apprécier dans un instant, s'est imposée par la force des choses ; en matière par exemple de formation de Société pour l'exécution et la mise en valeur de grands travaux publics, il aurait été difficile de trouver des souscripteurs consentant à rester plusieurs années sans aucun revenu.

La loi nouvelle a admis la validité de ces prélèvements, à la condition :

1° Que le taux de l'intérêt ne dépassera pas 5 0/0 du capital versé ;

2° Que ce prélèvement n'aura lieu que pendant la période de premier établissement, dont le terme sera fixé par les statuts, sans pouvoir être dépassé ;

3° Que cette clause sera rendue publique.

Votre Commission, Messieurs, veut bien reconnaître que dans quelques cas spéciaux ces prélèvements peuvent être permis; mais elle repousse absolument des distributions qui seraient faites au mépris des sages dispositions que nous avons examinées dans l'article 28.

Ces prélèvements d'intérêts, destinés à séduire le public au moment de l'émission des titres, ne peuvent être faits qu'en diminution des ressources sociales, par conséquent en fraude des droits des créanciers de la Société.

Le législateur n'a pas remarqué qu'il se contredisait lui-même à un article de distance.

Le propriétaire en face d'une mauvaise récolte, le commerçant ou l'industriel à titre privé, l'associé en nom collectif en face d'une année malheureuse, encaissent-ils des bénéfices? Non, assurément. Pourquoi vouloir privilégier un actionnaire qui a sciemment engagé son argent en vue d'un avenir éventuel, puisqu'il a participé à la création d'une Société qui n'existait pas ?

Nous blâmons donc énergiquement en principe tout prélèvement fait en dehors des bénéfices acquis réalisés et de l'acquittement intégral des charges statutaires, et si nous n'obéissions qu'à notre impression personnelle, nous demanderions purement et simplement le rejet de cet article. Pour ne pas nous montrer trop sévères et respecter des situations spéciales qui peuvent se produire à titre exceptionnel, nous accepterions le prélèvement dont il s'agit, mais à la condition que l'intérêt distribué pendant la période de premier établissement ne pourrait en aucun cas dépasser 3 0/0. Ce chiffre, qui ne s'éloigne pas sensiblement du taux normal de l'intérêt d'aujourd'hui et du revenu ordinaire des immeubles fonciers, nous paraît largement suffisant pour permettre aux souscripteurs d'attendre la période d'exploitation fructueuse de l'entreprise dans laquelle ils se sont librement engagés.

ART. 31.

Cet article, Messieurs, contient une disposition nouvelle depuis bien longtemps réclamée.

Les Sociétés procèdent par tirages périodiques au remboursement de leurs actions et obligations. Elles stipulent sur leurs imprimés que ces titres cessent de produire intérêt du jour où ils sont remboursables.

Il est aisé de comprendre que, par suite de la dispersion des titres chez un nombre infini de détenteurs et de la longueur toujours croissante des listes de tirage, il est arrivé souvent que la Société continuait le paiement des coupons après le tirage. Si plusieurs années après le porteur présentait son titre, la Société déduisait de la somme à rembourser le montant des coupons payés depuis le tirage, alléguant que le porteur était en faute de ne pas s'être présenté plus tôt, qu'il était prévenu qu'à partir du tirage le titre ne produirait plus d'intérêt et ne pouvait s'opposer à la répétition de l'indû.

A cela, Messieurs, on répondait facilement que la Société était au moins aussi fautive de ne pas avoir fait vérifier par ses employés les listes de tirage avec assez de soin pour arrêter à temps le paiement des coupons, et surtout que cette Société ayant continué de détenir et de faire valoir le capital exigible, elle devait équitablement continuer à en servir les intérêts. Si la Société voulait arrêter le cours des intérêts, elle devait consigner le montant des titres sujets à remboursement; mais, en fait, et vous le savez bien, Messieurs, la consignation n'avait jamais lieu.

Nous approuvons donc absolument la solution donnée par l'article 31, et nous remercions la Commission d'avoir, en l'article 109, fait figurer l'article 31 parmi ceux qui doivent être observés par les Sociétés préexistantes.

Nous pensons même que les villes, bien que leurs emprunts soient régis par des lois spéciales, accepteront la règle de justice établie par l'article que nous venons d'analyser.

ART. 32.

Toutes ces formalités et conditions prévues pour la constitution de la Société, sont applicables à toute augmentation du capital social.

Ici, Messieurs, nous ouvrons une parenthèse, non pas sur les termes de l'article qui précède, car son adoption s'impose, mais sur une question qui a fait l'objet d'une longue discussion dans la Commission du Sénat dont nous regrettons profondément les conclusions.

Une Société dont les actions ne sont pas libérées peut-elle augmenter son capital? La Commission du Sénat, après avoir longuement discuté, a répondu : oui. Votre Commission vous demande énergiquement de répondre : *non.*

Nous ne pouvons pas admettre qu'une Société sérieuse, honorablement conduite, songe à augmenter le nombre de ceux qui doivent partager le dividende, tant qu'elle n'a pas encaissé la mise de ses premiers souscripteurs.

Nous ne comprenons pas comment les raisons invoquées au sein de la Commission pour que la faculté d'augmentation de capital fût laissée complétement libre, ont pu prévaloir dans l'esprit de ses membres. On a dit : Il peut y avoir un grave inconvénient à laisser faire un appel de fonds ; souvent les actionnaires, tenus de se libérer, résistent et se laissent poursuivre ; cela nuit au crédit de la Société et précipite la baisse de ses actions ; il vaut mieux chercher une nouvelle couche de souscripteurs qui fourniront un premier versement et augmenteront le capital de garantie.

La réponse s'impose d'elle-même.

Si une Société ne peut faire un appel de fonds sans provoquer la baisse de ses titres, c'est qu'il y a lieu de croire que ces fonds sont destinés à couvrir des pertes anciennes et non à développer les affaires sociales actuellement en cours favorable ; et précisément, Messieurs, l'argument que l'on invoque ne démontre-t-il pas mieux que toute parole le danger qu'il y a à laisser aux Sociétés dont les actions ne sont pas libérées la faculté de faire de nouvelles dupes en augmentant leur capital. Notre opinion à nous est que cette évolution ne devrait être permise qu'après l'accomplissement de toutes les formalités prescrites pour la constitution.

ART. 33.

L'achat de ces propres titres par une Société ne peut être autorisé que dans les deux cas suivants :

1° Lorsque le rachat est fait pour un amortissement prévu par les statuts;

2° Lorsque le rachat se faisant en vue d'une réduction du capital social, toutes les conditions et formalités prescrites pour cette réduction ont été remplies.

Il n'y a pas à apprécier ces dispositions dont l'adoption ne peut être discutée, constatons seulement que, dans la pratique, toutes les fois que s'élèvent brutalement les cours des actions d'une Société, c'est un syndicat d'administrateurs ou de leurs fidéi-commissaires qui encaisse le bénéfice. Jamais le Ministère des Finances et l'Administration du domaine ne surveilleront d'assez près ces évolutions dans l'intérieur des Sociétés. La Commission du Sénat partage à ce point notre avis, qu'elle a refusé d'autoriser le rachat par la Société, même pour l'emploi des réserves extraordinaires, dans la crainte de nuire à la disponibilité de ces réserves et de rouvrir la porte aux abus que nous venons de signaler.

ART. 36.

Les administrateurs sont responsables, conformément aux règles de droit commun, individuellement ou solidairement, selon les cas, envers la Société ou envers les tiers, soit des infractions aux dispositions de la présente loi, soit des fautes qu'ils auraient commises dans leur gestion, notamment en distribuant ou laissant distribuer, sans opposition, des dividendes fictifs.

L'étendue et les effets de la responsabilité des commissaires envers la Société sont déterminés par les règles générales du mandat.

La loi de mil huit cent cinquante-six faisait peser sur les membres des Conseils de surveillance et sur les administrateurs des responsabilités si nombreuses et si étendues, que le recrutement de ces Conseils était devenu très-difficile.

La loi de mil huit cent soixante-sept avait tempéré ces rigueurs, tout en laissant subsister plusieurs cas de responsabilité solidaire, obligatoire et indéfinie, qui dépassaient la mesure de l'équité. Ainsi, sous l'empire de cette loi, la nullité reconnue de la Société rend les administrateurs non-seulement responsables envers les actionnaires et envers les tiers, mais cette responsabilité s'étend à tous les administrateurs en fonctions au moment où la nullité a été encourue, sans qu'il y ait à examiner si ces administrateurs avaient connu ou non la cause de nullité.

Pour nous, Messieurs, nous ne pensons pas qu'un homme puisse être puni pour une faute qu'il n'a pas commise, et si nous voulons que le dol reconnu trouve, quel que soit son auteur, des juges implacables, nous voulons aussi, la loi criminelle à la main, distinguer entre le fait brutal et l'intention de son auteur. Pour nous, la solidarité s'impose de plein droit entre les administrateurs d'une Société, ils sont et doivent être responsables de tous les actes sociaux accomplis sous leur gestion ; mais nous trouvons injuste et illogique que cette responsabilité poursuive l'administrateur qui a cessé ses fonctions pour des faits accomplis hors de sa présence, et nous n'admettons pas que cette responsabilité retombe après sa mort sur ses héritiers, innocents de son fait personnel.

Pour nous, un Conseil d'administration, dans une Société anonyme, doit être propriétaire solidaire d'un certain nombre d'actions, le vingtième du capital au minimum ; ses actions doivent être nominatives, déposées dans la caisse de la Société, et ne doivent être rendues à l'administrateur sortant ou à ses héritiers en cas de décès, qu'après apurement de la gestion sociale pendant les exercices auxquels il a participé.

La loi nouvelle est moins formelle, elle se contente de dire que les administrateurs sont responsables dans la mesure du préjudice qu'ils ont occasionné.

Art. 38.

En cas de perte des trois quarts du capital social, les administrateurs sont tenus de provoquer la réunion générale de tous les actionnaires à l'effet de statuer sur la question de savoir s'il y a lieu de prononcer la dissolution de la Société.

Nous demandons à changer les mots des trois quarts et à les remplacer par ceux de la moitié. Assurément il ne faut pas arrêter violemment la marche d'une affaire pour une perte légère qui peut être regagnée dans les exercices successifs, mais une Société à qui manque la moitié de son capital, a perdu une grande partie de ses moyens d'action et n'a plus d'éléments de succès, il ne serait pas prudent de pousser plus loin l'expérience et d'attendre que le reste du capital soit à peine suffisant pour faire face aux pertes qui se produisent inévitablement dans toute liquidation malheureuse. L'exemple de chaque jour, Messieurs, montre que des actionnaires dépassant la proportion sus-indiquée ne sauvent pas l'honneur de leur raison sociale et aggravent leur position en faisant perdre les créanciers, qu'à un moment ils auraient intégralement payés s'ils avaient su s'arrêter.

ART. 41.

En cas de nullité les fondateurs sont nécessairement responsables, puisque ce sont eux qui devaient veiller à l'accomplissement des conditions et des formalités légales, ils sont responsables dans la mesure du préjudice causé par la nullité.

Les administrateurs en fonctions, les commissaires chargés de vérifier les apports, ceux qui ont fait des apports en nature ou stipulé des avantages particuliers peuvent être déclarés responsables, si une faute peut leur être imputée; l'appréciation du juge sur ce point est entièrement réservée.

Cet article, Messieurs, n'est que l'application du principe posé par l'article 36 que nous avons déjà signalé à votre attention.

ART. 42.

Cet article qui vise une grave situation est ainsi conçu :

« Lorsque la nullité d'une Société est prononcée pour

l'une des causes prévues par la loi, les actionnaires restent soumis à l'obligation d'opérer les versements non effectués sur le montant de leurs actions et les créanciers sociaux conservent vis-à-vis des créanciers personnels des associés un droit de préférence sur tout l'actif qui pourra être réalisé. »

Cet article, Messieurs, donne une solution très-juste à deux questions que la jurisprudence n'avait jamais pu résoudre et qui devant ses arrêts contradictoires, et surtout devant les décisions inattendues de la Cour de Paris, confirmées par la Cour de Cassation, étaient restées absoment controversées.

On avait dit que lorsqu'une Société était déclarée nulle, elle était censée n'avoir jamais existé et on en déduisait cette double conséquence : 1° que les associés devaient être déliés de leurs engagements ; 2° qu'il n'y avait point de masse sociale distincte du patrimoine des associés et que les créanciers personnels de ceux-ci avaient sur l'actif social les mêmes droits que les créanciers qui invoquaient à tort le titre de créanciers sociaux.

Ces solutions qui répugnent à l'équité, au bon sens et à l'esprit du droit, sont très-légitimement repoussées par le législateur.

En effet la nullité d'une Société ne peut être invoquée par les associés contre les créanciers, pas davantage entre les associés ou leurs créanciers personnels.

Il y a eu dans le passé, on ne saurait le contredire, une Société de fait qu'il faut nécessairement liquider comme une masse distincte, et c'est pourquoi, Messieurs, l'article 42 oblige les actionnaires à parfaire leur mise dans la mesure nécessaire pour acquitter le passif social et rétablir l'égalité entre les associés. Ce même article institue une sorte de patrimoine entre la masse sociale et l'avoir personnel des associés, pour réserver aux créanciers sociaux le gage sur lequel ils devaient légitimement compter.

ART. 43.

La loi de mil huit cent soixante-sept n'avait fixé aucune prescription spéciale pour l'action en nullité des Sociétés, ni pour l'action en responsabilité qui en résulte. Des Sociétés anciennes et prospères pouvaient se voir menacés constamment de procès nuisibles à leur crédit, si·lors de leur constitution ou de leurs réunions extraordinaires quelqu'irrégularité ou quelqu'omission avait été involontairement commise. Ces actions toujours tardives, quelquefois posthumes, étaient trop souvent la mise en pratique de moyens de chantage qu'il était bon d'empêcher. C'est surtout au début d'une Société qu'il importe de voir si elle offre des garanties sérieuses, et c'est dans cette période de début que les intéressés doivent s'assurer que toutes les prescriptions légales ont bien été remplies.

Si enfin la Société ayant vécu plusieurs années, les omissions ou les irrégularités ont été réparées, on doit admettre une courte prescription, et c'est à bon droit que le législateur faisant une juste appréciation de la position des parties a fixé à trois années la durée possible des actions en nullité ou en responsabilité pour vice de forme.

TITRE II

Sociétés en commandite par actions

Ce titre rend applicables aux Sociétés en commandite par actions tous les articles du titre 1er qui n'ont rien de contraire à cette forme de Société.

L'article 49 applique aux conseils de surveillance la règle déjà posée par l'article 36 pour les administrateurs des

Sociétés anonymes et décide que chaque membre du conseil de surveillance est responsable de ses fautes personnelles dans l'exécution de son mandat conformément aux règles du droit commun.

TITRE III

Des Sociétés à capital variable.

Dès mil huit cent soixante-sept, le législateur voulant favoriser le développement des Sociétés coopératives de production ou de consommation, avait prévu la création des Sociétés à capital variable.

Ces Sociétés peuvent se constituer sous l'une des trois formes ordinaires en nom collectif, en commandite, ou anonyme ; mais des dispositions spéciales étaient nécessaires pour régler la formation et les variations du capital, l'entrée et la sortie des membres de la Société.

Aux termes du projet les actions peuvent être fixées au chiffre minimum de 25 francs et le capital au chiffre maximum de 200,000 francs, avec faculté de l'augmenter progressivement en vertu de décisions de l'assemblée générale annuelle des actionnaires.

Les actions toujours nominatives sont négociables par voie de transfert sur les registres de la Société. Les statuts peuvent donner à l'assemblée des actionnaires le droit de s'opposer à l'admission d'un nouveau sociétaire ou même de prononcer l'exclusion d'un associé.

Les sociétaires peuvent, sauf convention contraire, se retirer de la Société, lorsqu'ils le jugent convenable ; ils n'ont pas le droit de provoquer la liquidation de la Société ; leur part remboursable dans le délai fixé par les statuts est réglée d'après les résultats fixés par le dernier inventaire.

L'associé démissionnaire ou exclu est responsable pendant deux ans, dans la mesure de son intérêt, des engagements pris par la Société dont il faisait partie.

La dissolution serait obligatoire si le capital se trouvait réduit au dixième du chiffre primitif.

Telles sont dans leur ensemble les règles spéciales aux Sociétés à capital variable, elles sont inspirées par la nature même de ces Sociétés et n'ont donné lieu à aucune objection.

TITRE IV

Dispositions relatives à la publicité.

Il est inutile d'insister sur l'importance qui s'attache pour le monde des affaires à la publicité des Sociétés répandue dans toute la mesure possible.

La loi nouvelle reproduit d'abord les dispositions de la loi de mil huit cent soixante-sept.

Une copie de l'acte de Société doit être déposée au greffe de la Justice de Paix et à celui du Tribunal de Commerce dans le ressort desquels est situé le siège social.

Un extrait contenant les mentions qui peuvent intéresser les tiers doit être publié dans un des journaux de l'arrondissement désigné pour recevoir les insertions légales.

De plus le projet institue comme annexe du journal officiel un bulletin qui sera le recueil officiel où les Sociétés par actions seront tenues de faire paraître tous les actes et délibérations dont la publication est exigée par la loi.

L'article 73 tranche une question controversée dans la pratique et décide que toute personne a le droit de prendre communication au greffe de la Justice de Paix et du Tribunal de Commerce des pièces qui y sont déposées et même de s'en faire délivrer une copie à ses frais, soit par le greffier, soit par le notaire détenteur de la minute.

L'article 74 est relatif aux titres, prospectus, factures et autres imprimés employés par les Sociétés.

TITRE V

Des Obligations.

L'obligation, Messieurs, est le titre par l'émission duquel une Société anonyme se procure les sommes qui lui sont nécessaires en dehors de son capital-actions. Une grande partie de la fortune publique est employée dans ces valeurs, et c'est par conséquent pour le législateur un devoir impérieux que d'établir rigoureusement les règles applicables à cet emploi si répandu de l'épargne dans notre pays.

La loi nouvelle rendra aux souscripteurs d'obligations des services de trois sortes :

1° Elle les mettra à même de se renseigner sur la constitution et les forces de la Société et sur la valeur du capital-actions qu'on leur offre en garantie ;

2° Elle leur donnera le moyen et le droit de surveiller la marche de la Société. Ils pourront se réunir en assemblée, nommer des commissaires ayant le pouvoir d'assister aux assemblées d'actionnaires ;

3° Enfin la loi a reconnu la nécessité d'interdire les combinaisons trop habiles, qui auraient fait dégénérer les obligations en billets de loterie ; elle a pris les précautions qui lui paraissaient nécessaires, pour que les emprunts restassent des placements sérieux offerts aux bénéfices du travail ou aux économies des particuliers.

Ici, Messieurs, nous rencontrons dans le projet de loi une bien grave lacune, qui ne peut amener de votre part qu'une juste critique.

La loi n'apporte aucune limite au pouvoir par une Société qui est constituée par la libération du quart de ses
titres, d'émettre indéfiniment des obligations.

On a posé en principe que les obligations avaient pour
gage le capital-actions, et on s'en est tenu là.

Est-il besoin de faire ressortir le danger permanent de
cette situation?

Nous voulons bien admettre que, si ce capital-actions
est entièrement versé, employé en travaux utiles ou en
valeurs de tout repos, il pourra représenter une garantie
sérieuse. Dans le cas contraire, que va-t-il se passer, suivant la loi que nous examinons?

Les affaires sociales n'ont pas prospéré ; la Société court
d'abord le risque de l'insolvabilité des actionnaires non
libérés ; les actions, devant le mauvais état de la position
sociale, auront certainement passé dans des mains de
plus en plus douteuses ; au bout de deux ans, ne l'ou-
blions pas, les premiers souscripteurs seront libérés en
vertu de l'article 43. Où sera donc la garantie promise
aux obligataires lors de l'émission de leurs titres?

Et d'abord, ce pouvoir d'émettre indéfiniment des obligations n'est-il pas, pour les porteurs des titres émis,
un préjudice qu'ils ne peuvent ni prévoir ni éviter, par
conséquent un véritable déni de justice?

Une Société au capital de un million émet un million
d'obligations. Nous acceptons pour un instant que le capital social garantisse cette dette ; mais cette première
opération une fois terminée, elle émet encore 500,000 fr.
d'obligations. Quelle est la position des porteurs des premiers titres ? Il est évident que leur contrat est vicié et
leur gage amoindri.

Ce qui est plus étrange, c'est que dans les entreprises
de travaux publics subventionnées par l'Etat, le législateur a soin de parer aux dangers que nous signalons et,
en matière de chemins de fer concédés, par exemple, la
loi de concession stipule toujours que le montant des

obligations ne dépasssra pas le capital-actions, et que les quatre cinquièmes de ce capital devront être employés en travaux et approvisionnements avant que le concessionnaire puisse émettre des obligations ou disposer du produit de leur émission.

Or, n'est-il pas surprenant que ces règles de prudence aient paru nécessaires dans des entreprises ayant un objet unique et facile à surveiller, comme la construction d'un chemin de fer, et qu'elles soient oubliées dans les Sociétés industrielles libres dont les entreprises, variant à l'infini, portent avec elles un risque permanent.

Quant à nous, nous n'hésitons pas, et nous dirions nettement :

1° Aucune Société anonyme ne pourra émettre d'obligations, tant que son capital-actions ne sera pas entièrement libéré ;

2° En aucun cas, l'émission d'obligations ne pourra dépasser le montant du capital-actions.

On nous objectera que certaines Sociétés n'ont jamais compté sur l'emploi de leur capital pour faire face à leurs engagements et qu'elles ne peuvent développer leurs affaires que par des émissions successives d'obligations. On cite le Crédit Foncier.

Notre réponse est bien simple. Nous défions qui que ce soit de citer, à côté du Crédit Foncier, l'exemple d'une autre situation semblable. Et c'est bien le cas de répéter le vieil adage : L'exception confirme la règle. Une Société qui, sans monopole, sans participation directe et permanente avec le Trésor, prendrait exemple sur le Crédit Foncier, déposerait son bilan dès son premir exercice.

ART. 75.

Cet article proscrit les placements aléatoires, qui séduisent toujours un trop grand nombre de personnes. Il prescrit que toutes les obligations d'une même émission doivent être productives d'un intérêt minimum de 3 0/0 et être remboursahles au même taux.

On voit que dans ces conditions le placement reste ferme et que la prime de remboursement, produit d'une faible retenue sur le loyer de l'argent, constitue une réserve de prévoyance destinée à augmenter certainement le capital du prêteur, les valeurs à lots et les obligations rembourables sans intérêt étant rigoureusement interdites. .

ART. 76.

Ici, Messieurs, nous trouvons une difficulté assez sérieuse.

Les emprunts des Sociétés faits par émission d'obligations sont remboursables par voie de tirages au sort effectués chaque année ou chaque semestre, pendant une période de temps déterminée au moment de l'émission. Mais si la Société est dissoute avant le terme fixé pour le remboursement de ses obligations, quel sera le sort des porteurs de titres non' amortis au moment où commence la liquidation?

Cette question, non prévue par la loi de mil huit cent soixante-sept, a donné lieu aux solutions les plus divergentes. Certains arrêts n'accordaient aux obligataires que le remboursement de la somme qui avait été encaissée par la Société au moment de l'émission, rompant ainsi purement et simplement une convention mixte, sans tenir aucun compte de la promesse d'un remboursement avec prime faite aux porteurs au moment de l'émission.

D'autres, au contraire, donnaient aux prêteurs cette prime de remboursement ou plutôt l'admettaient à produire pour le montant nominal de ses titres, disant que la Société devait supporter les conséquences d'une rupture de contrat survenue par sa faute.

C'était aller beaucoup trop loin, surtout si l'on considère que cette peine prononcée contre la Société retombait sur d'autres créanciers, dont elle diminuait le dividende.

Enfin une jurisprudence équitable, mais assez incertaine, cherchait à accorder aux obligataires, outre le remboursement du prix d'émission et des coupons échus, une indemnité représentant, aussi exactement que possible, la portion de la prime de remboursement du prix d'émission qu'on pouvait considérer comme acquise, en se référant au temps couru depuis l'émission.

Telle est, Messieurs, la solution qui nous semble la plus juridique ; c'est aussi la pensée de l'article 76, pour lequel nous aurions désiré seulement une rédaction un peu plus explicite.

ART. 77.

Toute Société qui veut émettre des obligations doit, au préalable, faire paraître au *Bulletin officiel* un avis indiquant :

1° L'objet de la Société ;

2° La date de l'acte de Société et celle de la publication au *Bulletin* de cet acte et des modifications qu'il a pu subir ;

3° Le montant des obligations déjà émises ;

4° Les conditions de l'emprunt projeté ;

5° Le dernier bilan de la Société ou la mention qu'il n'en a pas été dressé.

Ces conditions ont pour but de renseigner les souscripteurs sur l'état actuel de la Société.

ART. 78 à 80.

Ces articles règlementent l'heureuse innovation déjà indiquée du droit pour les obligataires de se réunir en assemblée générale pour nommer trois commissaires chargés de surveiller leurs intérèts aux assemblécs des actionnaires, à la condition que ces trois commissaires soient choisis parmi des obligataires, à l'exclusion de tous mandataires étrangers.

ART. 81, 82, 83, 84, 85, 87.

Ces articles déterminent les pouvoirs et les droits des commissaires des comptes qui peuvent assister à toutes les assemblées des actionnaires, mais sans participer ni aux discussions, ni aux votes.

TITRE VI.

Des Tontines et Compagnies d'assurances sur la vie.

Ces Sociétés continuent d'être soumises à l'autorisation et à la surveillance du Gouvernement, ce qui est suffisamment expliqué par le caractère aléatoire de leurs opérations, et le grand nombre des personnes qui y sont intéressées, les autres Sociétés d'assurances peuvent se former sans autorisation, elles restent soumises au décret du vingt-deux janvier mil huit cent soixante-huit.

TITRE VII.

Des Sociétés étrangères.

Ces Sociétés, constituées selon les lois de leur pays, pourront exercer en France tous les droits accordés aux étrangers, lorsqu'un décret rendu en la forme de règlement d'administration publique aura, par mesure générale, permis aux Sociétés de ce pays d'exercer leurs droits et d'ester en justice en France.

Les Tontines et Sociétés étrangères d'assurances sur la vie sont soumises à l'autorisation et à la surveillance du Gouvernement ; elles devront fournir un cautionnement affecté par privilège au paiement des indemnités qui pourront être dues pour les risques courus en France.

La loi nouvelle rend applicables aux Sociétés étrangères certaines dispositions des titres qui précèdent, notamment toutes celles qui ont trait à la publicité, au montant des actions, au remboursement des obligations.

Ces précautions nous paraissent légitimes ; sans elles on eût simplement passé la frontière pour se soustraire aux dispositions gênantes de la loi française, comme on l'a fait plus d'une fois en mil huit cent soixante-sept, pour éluder la nécessité du décret d'autorisation.

Telle est la loi que nous avons à vous soumettre ; elle a été, il faut le reconnaître, soigneusement discutée au Sénat et magnifiquement défendue par son éminent rapporteur. Nous espérons, Messieurs, que son application rigoureuse, ramenant la confiance et la sécurité, apportera quelque adoucissement au marasme qui plane depuis mil huit cent quatre-vingt-deux sur les affaires de notre pays, et qu'elle contribuera puissamment à ramener la prospérité d'autrefois.

Nous vous proposons de l'adopter dans son ensemble sous les réserves suivantes :

1° Que le versement nécessaire à la constitution du capital soit opéré dans une caisse publique, Banque de France ou Caisse des Dépôts et Consignations, et qu'un règlement d'administration publique détermine le retrait de ces dépôts en les débarrassant de toute entrave ;

2° Que la retenue sur les bénéfices nets soit portée à un dixième, jusqu'à ce que la réserve légale ait atteint une somme égale au quart du capital ;

3° Que les prélèvements sur fonds social, pour distribution d'un intérêt statutaire pendant la période de premier établissement, ne puissent pas dépasser 3 0/0 ;

4° Que la dissolution de toute Société soit obligatoire dès que le capital est diminué de deux tiers et puisse être demandée après la perte de la moitié ;

5° Que les apports en nature et avantages particuliers soient toujours vérifiés par des experts nommés par le président du Tribunal de Commerce ;

6° Qu'il soit apporté une limite au droit qu'ont les Sociétés d'émettre des obligations, et que le total de ces émissions ne puisse pas, sauf des cas spéciaux, être porté à un chiffre supérieur à celui du capital-actions.

Enfin, Messieurs, nous vous prions d'adopter la délibération suivante :

La Chambre de Commerce, après avoir entendu le rapport de la Commission nommée par elle pour étudier le projet de réforme sur la législation des Sociétés par actions, que lui a soumis M. le Ministre du Commerce, adopte les conclusions du rapport.

Délibère :

Le présent rapport sera imprimé et distribué, transmis à M. le Ministre du Commerce, à MM. les Sénateurs, Députés, et à M. le Préfet du Puy-de-Dôme, et passe à l'ordre du jour.

Le Rapporteur,

Maurice CHALUS.

La Chambre,

Adoptant ce rapport dans ses termes et conclusions, le convertit en délibération ;

Décide qu'il sera transmis à M. le Ministre du Commerce.

Pour copie conforme :

Le Président de la Chambre de Commerce de Clermont-Ferrand,

BIDEAU.

Clermont-Ferrand, typographie Mont-Louis, rue Barbançon, 1 et 2.

www.ingramcontent.com/pod-product-compliance
Lightning Source LLC
Chambersburg PA
CBHW071758200326
41520CB00013BA/3302